自分さがしの

日本の名景ベスト50

Japan the Beautiful

渋川育由＝編

❶ 美瑛の丘 （北海道） 2
❷ 釧路湿原の秋 （北海道） 4
❸ 利尻島と礼文島 （北海道） 6
❹ 雪の旭岳 （北海道） 8
❺ 藻琴山温泉の芝桜 （北海道） 9
❻ 三国峠の松見大橋 （北海道） 10
❼ 洞爺湖と梅林 （北海道） 12
❽ 秋の十和田湖 （青森/秋田） 14
❾ 恐山・宇曽利湖 （青森） 16
❿ 八幡平の紅葉 （岩手） 17
⓫ 陸中海岸・浄土ヶ浜 （岩手） 18
⓬ 小岩井農場の一本桜 （岩手） 20
⓭ 蔵王の樹氷 （山形） 22
⓮ 鳴子峡をわたる陸羽東線 （宮城） 24
⓯ 山寺と芭蕉 （山形） 25
⓰ 桃源郷・花見山公園 （福島） 26
⓱ 霧の曽原湖 （福島） 28
⓲ 氷結する袋田の滝 （茨城） 29
⓳ 松代の棚田 （新潟） 30
⓴ 五箇山相倉の合掌造り （富山） 32
㉑ 立山・雪の回廊 （富山） 33
㉒ 立山連峰と富山湾 （富山） 34
㉓ 乗鞍エコーライン （長野） 36
㉔ 上高地・田代池 （長野） 38
㉕ 安曇野の水車 （長野） 40
㉖ 大井川鉄道・奥大井湖上駅 （静岡） 41
㉗ 朝焼けの富士 （山梨） 42
㉘ 桃源郷の癒し （山梨） 44
㉙ 犬山城の月 （愛知） 46
㉚ 輪島・白米千枚田 （石川） 48
㉛ 仏野念仏寺の竹林 （京都） 49
㉜ 明日香路の棚田 （奈良） 50
㉝ 霧の高野山 （和歌山） 52
㉞ 那智の滝 （和歌山） 53
㉟ 鳥取砂丘の幻想 （鳥取） 54
㊱ 出雲・日御碕灯台 （島根） 56
㊲ 岩国・錦帯橋 （山口） 57
㊳ 秋吉台の山焼き （山口） 58
㊴ 瀬戸大橋 （岡山/香川） 60
㊵ 九十九島めぐり （長崎） 62
㊶ 祖谷のかずら橋 （徳島） 64
㊷ 高千穂峡・真名井の滝 （宮崎） 65
㊸ 阿蘇の米塚 （熊本） 66
㊹ 通潤橋の放水 （熊本） 68
㊺ 九重のススキ原 （大分） 70
㊻ 夕映えの由布岳 （大分） 72
㊼ 屋久島の紀元杉 （鹿児島） 73
㊽ 首里城の夜景 （沖縄） 74
㊾ 石垣島・川平湾 （沖縄） 76
㊿ 竹富島の白い道 （沖縄） 78

美瑛の丘

Biei

歩くことがこんなにも楽しいと実感できる風景はそう多くはない。上富良野から美瑛にかけてはゆるやかなカーブを描く丘陵地帯がえんえんと続く。まるで童話の世界に入りこんだかのような景観だ。とくに美瑛の丘は“丘めぐり”コースも設定されるくらいにいまや北海道を代表する景勝地となっている。夏の畑はキガラシの花が一面に咲いて、道の草でさえも色どりを一段と豊かにする。

釧路湿原の秋

Kushiroshitsugen

靄のなかに無数のすじを刻み、平原ならではの夕陽が美しい。釧路湿原は総面積19290haもある日本最大の湿原だ。そのうち約80%は写真のような低層湿地帯である。広大な湿原にはシラルトロ湖や塘路湖をはじめ多くの湖水や川があり、場所によっては釣りやカヌーも楽しめる。ただこれだけ広い地域を一度に体験するのはとうてい無理なので各地にある展望台や遊歩道を利用するのがいい。

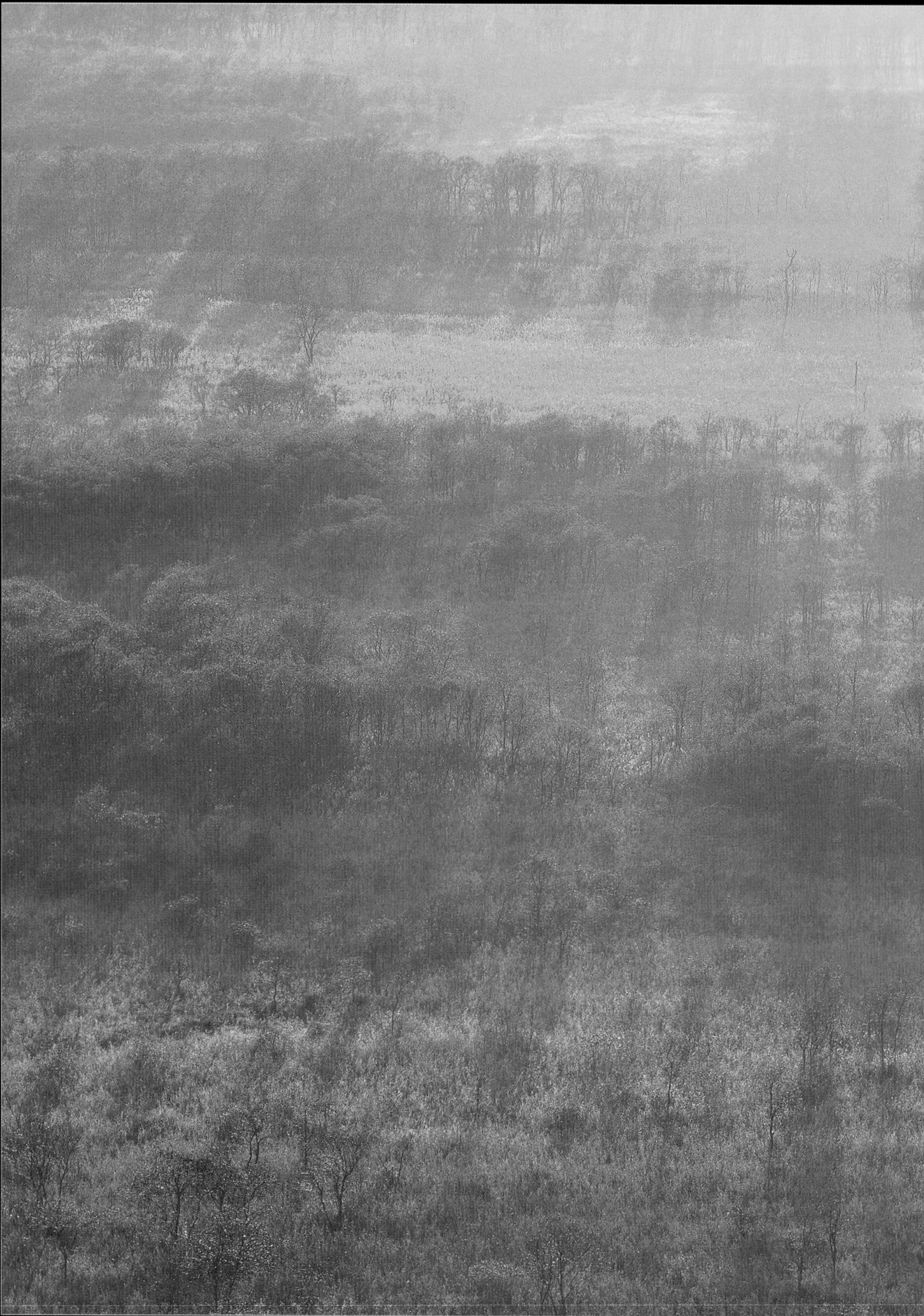

利尻島と礼文島

Rishiri/Rebun

青い水平線に浮かぶ優美な姿はまるで海上の蜃気楼のように美しい。標高1721mの利尻富士とも呼ばれるこの山は完全な独立峰なので山そのものが島になるのだ。夏の登山客に人気があり、深田久弥の「日本100名山」のまず一番目に登場する。写真はとなりの礼文島の原生林道から眺めた景観だが、この二島は日本の最北端に位置するため低地でも高山植物が見られるという夢のような島だ。

雪の旭岳

Asahidake

北海道の中央にドンと位置する大雪山脈。その50㎞にも連なる大雪山系のさらに主峰となるのが旭岳だ。まさにあたり一帯の景観の中心となる山で標高2290mは北海道の最高峰である。ロープウェイで登るともうすぐそこはため息のでるようなパノラマが広がる。「姿見の池」の周辺のトレッキングコースは、夏には高山植物が咲き乱れ秋には輝くような紅葉と大自然を思う存分に満喫できる。

藻琴山温泉の芝桜

Mokotoyama

自分もいっしょに花に染まってしまうかのような錯覚をおぼえる。藻琴山温泉の丘は5月上旬から6月にかけていっせいにピンクの芝桜の花が咲く。滝上公園と並び北海道の春を代表する二大芝桜公園だ。丘に立って見渡すとまさにピンクのじゅうたんを敷きつめたようなパノラマにはほんとうに圧倒される。白樺林のあちらこちらに配置した白い花はまるで北国の春の残雪のようにも見えて美しい。

三国峠の松見大橋

Matsumiohashi

大雪山国立公園のすそ野を縦断する国道273号線は糠平国道とも呼ばれ、北海道ならではの雄大な景観を次々と楽しめるところからツーリングファンにとっては憧れのルートである。なかでも一番の人気は三国峠から見おろす「松見大橋」だ。人工物でありながら見事に自然にとけこんでいるのは330mのゆるやかなS字カーブの美しさにあるのだろう。まるで樹海に浮かぶ舟のようでもある。

洞爺湖と梅林

Toyako

5月も中旬を迎えると洞爺湖をのぞむ小高い丘の斜面は梅の甘い香りにつつまれる。この季節は壮瞥公園の丘からはじつに贅沢な景観を堪能できる。梅林と湖の色のコントラスト、洞爺湖の中央に浮かぶ中島のシルエット、さらに遠く雪をいただく羊蹄山と、満点をつけたくなるほどの景観だ。また周辺には、2000年の噴火で知られる有珠山や湖の流出口である壮瞥滝など見どころも多い。

秋の十和田湖

Towadako

引きこまれそうな湖水の青と紅葉のコントラスト。白い遊覧船が静かにいく。四季を通じて美しい十和田湖だが紅葉の季節はここ瞰湖台からの眺めはたしかに絵になる絶景だ。青森と秋田両県にまたがる十和田湖のそのほんとうの魅力は周囲46kmをぐるりと周遊できる点にある。計六か所ある展望台はそれぞれ季節によって人気をわけるが新緑の季節は発荷峠展望台がすばらしい。

恐山・宇曽利湖

Usoriko

一歩足を踏み入れると亜硫酸ガスの強い刺激臭が鼻をつく。日本三大霊場のひとつ「恐山」だ。あたりは荒涼とした風景が続き、地獄と極楽の風景を演出している。その“極楽”を意味しているのが宇曽利湖である。それにしても不思議な色をしている。これは地下から噴き出た硫黄成分の色で、湖は強い酸性水質なのだが適応力をつけたウソリウグイのみが棲息しているという。

八幡平の紅葉

Hachimantai

八幡平周辺は紅葉と温泉の名所が多い。日本の紅葉はその彩りの豊かさで世界に知られるが、なかでも八幡平の紅葉はすばらしい。黄、赤、緑のバランスとそれぞれの色のもつ微妙な変化。そして何よりも引きつけられるのはその色の濃さにある。決して淡彩ではない、濃厚な油絵の具の色である。どこかファンタジックな世界に迷いこんだようにただ呆然とするばかりである。

陸中海岸
浄土ヶ浜

Jodogahama

ふたりは何を話しているのだろうか。時間が止まったかのような、古い映画のシーンのようでもある。陸中海岸を代表する景勝地「浄土ヶ浜」だ。白い岩山にはナンブアカマツが絶妙な彩りをそえる。岩がちょうど天然の波消しの役割をしてくれるので内の入り江はプールのように静かだ。夏は海水浴客で混むが、春の暖かい日にはぼんやりといつまでも眺めていたいと思わせる。

小岩井農場の一本桜

Koiwainojo

桜を観賞するときの言葉に「一本桜」といういい方がある。村はずれや田んぼのすみに一本だけポッンとある桜をいうが、全国にある名物桜はほとんどがこれにあたる。その数多い桜のなかでいまやもっともスター級なのが小岩井農場にある一本桜だ。残雪の岩手山を背景に青い牧草地に立つ姿は抜群に美しい。種はエドヒガンで牛たちの夏の日よけのために植えられたという。

蔵王の樹氷

Zaoh

アイスモンスターと呼ばれる蔵王の樹氷は海外でもよく知られている。1月から2月にかけて日本海からの湿った季節風が朝日連峰を越えて過冷却水滴となり、蔵王盆地でトドマツにたたきつけるように凍りついて樹氷はできる。とくに写真の地蔵岳斜面や坊平頂上付近の樹氷は見ごたえがある。シーズン中のライトアップや夕陽で赤く染まる樹氷も神秘的な世界を見せてくれる。

鳴子峡をわたる陸羽東線

Narukokyo

シャッターのチャンスは一瞬だ。紅葉で有名な鳴子峡を列車がわたる。この場所は鉄道写真ファンには絶好の撮影ポイントとしてよく知られている。鳴子温泉駅を出発した列車はトンネルに入り、鳴子峡にさしかかった鉄橋の上でほんの瞬間だけ姿を現す。しかも光の撮影条件でいえば午後の1時から2時の間に限られるという。時刻表を片手にいまかいまかと待ち受けるのだ。

山寺と芭蕉

Yamadera

山寺は860年に開山された比叡山延暦寺の別院で正式な名称は「宝珠山立石寺」という。そしてなによりもこの寺を有名にしたのは、芭蕉がこの地で「閑さや岩にしみ入蟬の声」の句を詠んだことだろう。奥の院と呼ばれる山の上へ行くには岩壁に続く急勾配の1100の石段を登らなくてはならない。ちょっとした登山である。芭蕉は写真の開山堂までほんとうに登ったのだろうか。

霧の曽原湖

Soharako

裏磐梯高原は美しい湖や沼の宝庫である。大小数百を超える湖沼はほとんどが1888年の小磐梯山の噴火によってできた堰止め湖だ。この地最大の桧原湖や有名な五色沼などである。そのひとつの曽原湖は周囲3.5kmの小さな湖だが、新緑の季節に湖面が霧でおおわれると島のように浮かぶ立木がシルエットをつくり幻想的で静寂な景色が現われる。釣り人にも人気のある湖だ。

◀

桃源郷 花見山公園

Hanamiyama

福島県は桜王国である。日本三大桜のひとつ「三春滝桜」をはじめ県内にはじつに多くの名物桜がある。しかしそれだけではない。写真家の秋山庄太郎が「福島に桃源郷あり」と絶賛した花見山公園だ。遅い春を迎えるこの地では、梅、桜、桃、レンギョウ、モクレンとまさに百花撩乱のごとくいっせいに咲き乱れるのだ。公園とあるが花木生産農家が無料で公開している個人所有地だ。

氷結する 袋田の滝

Fukuroda

那智の滝、日光華厳の滝と並び日本三大名瀑といわれる袋田の滝は茨城県大子町にある名高い景勝地だ。全長120m、幅73mの水が四段にわたって流れ落ちる姿は迫力がある。紅葉の名所として有名だが写真のように冬の厳寒期には完全に氷結することでも知られている。この時期には氷結のニュースがながれると待ちかねたように全国から腕自慢のアイスクライマーたちで賑わう。

松代の棚田

Matsudai

米どころ新潟県中越の山間部には多くの「名田」がある。日本有数の豪雪地帯だが、田植え前後のころは入りくんだ山あいの里にはよく霧がかかり“日本の原風景”といわれる美しい景観が出現する。ここ松代の「蒲生の棚田」も有名なスポットでその景観を求めて全国からカメラマンが集まる。ほかにも近くには「峠」「仙納」「菅刈」などの美田が多く地域では棚田めぐりの地図を用意している。

五箇山相倉の合掌造り

Gokayama

合掌造りは江戸時代に養蚕農家が屋根裏に蚕棚を設置するために始まったといわれる。夏はすずしく冬は暖かいという茅葺き屋根の利点を生かし、人よりも蚕部屋をもっとも優先した結果、このような特大の屋根をもつ構造となった。豪雪地帯特有の屋根の傾斜も美しい。この五箇山の相倉と菅沼で約30軒、隣接している岐阜の白川郷で約100軒はともに世界文化遺産である。

立山・雪の回廊

Otani Walk

人びとは興奮しながら500mの雪の回廊を歩く。大自然であり人工的でもある迫力のある不思議な空間だ。立山黒部アルペンルートでは4月に入ると十数台の除雪車を使い、道路を観光客のために開放する。「大谷ウォーク」と呼ばれていて、室堂からバスで1、2分の場所にこのような巨大な雪の壁が現われる。標高2390mのこの地点は雪の多い年には壁は20mを越えるという。

立山連峰と富山湾

Tateyama

雪をいただいた立山連峰が夕陽を受けて妖しく輝く。豊穣の海として知られる富山湾から見る立山はまるで蜃気楼のように神々しい。それは富山湾一帯の地形と無縁ではない。ちょうど屏風のように切り立った立山連峰の稜線が急勾配で富山湾に落ちているからだ。まるで富山湾が大きなカルデラ湖のようである。手前の虻ガ島がアクセントになりまさに一幅の名画である。

乗鞍
エコーライン

Norikura

登山、雲海、高山植物、トレッキング、スキーなど四季を通してダイナミックな自然を楽しめる乗鞍だが、日本有数の高山紅葉でも名高い。ハイマツの緑を地色にダケカンバの黄、ナナカマドの赤と三色模様が工芸品のように美しい。標高2700mを走るエコーラインは頂上付近の畳平を境に、岐阜県側のルートは「乗鞍スカイライン」となる。現在は双方とも一般車は規制されシャトルバスが代行する。

上高地·田代池

Kamikochi

初夏の朝、陽が射してくると靄が立ち田代池は静寂で神秘的な世界につつまれる。おもわずこの風景に身をおいた悦びを感じるときだ。田代池は池といっても湿原の一部である。穂高連峰を源とする梓川の清流は堆積物に堰止められてあちらこちらに美しい湿原をつくる。夏にはニッコウキスゲやレンゲツツジが咲き、晩秋には霧氷の木立が美しい場所だ。「河童橋」と「大正池」の中間にある。

安曇野の水車

Azumino

北アルプスのふもと安曇野の万水川周辺は「名水」のふるさととして知られる。このあたり一帯はアルプスの雪解け水が数年をかけて地表にわき出てくるという湧水地帯なのである。そしてここ「大王わさび農園」には有名な水車がある。黒澤明監督の『夢』に登場したものだ。冷たい清水は霧を生んでときとしてこのような幻想的な光景が出現する。まさに映画のシーンを見ているようだ。

大井川鉄道
奥大井湖上駅

Okuoiko

大井川鉄道井川線は現在、日本で唯一アプト式を採用している鉄道で別名「南アルプスあぷとライン」として親しまれている。全線の大半はトンネルと鉄橋で無人駅が多い。なかでも一番ユニークなのがこの奥大井湖上駅だ。写真ではわかりにくいが左下の小山のようなのが駅である。駅はダム湖に突き出た半島のようなところにあり、左側にはすぐまた2本目の鉄橋がかかっている。もちろん無人駅だ。

◀
朝焼けの富士
Fuji

富士山はやはりすばらしい。標高3776mの頂上は日本でもっとも早い夜明けを迎える。そして登山客は一番でご来光に手を合わせる。ところが富士山のこのように大きいアップの姿はカメラやテレビなどの光学レンズを通さないかぎり肉眼では見ることはできない。そこでカメラマンたちは“形のいい”富士を撮ろうと絶好の場所、山梨忍野の高座山に向う。すそ野まで広がる雄大で完璧な富士が現われる。

桃源郷の癒し

Kofubonchi

春の甲府盆地はじつにのどかだ。あたり一帯に広がる桃畑はピンクに染まり空にはヒバリが鳴く。波打つように続く桃畑は、こんなに作ってどうするのだろうと思うほどすごい。そして花見客はみんなニコニコしているのだ。一の宮、御坂、新府と桃源郷の名所は続くがじつは場所はどこでもいいのだ。春の一日、タンポポや菜の花の咲く桃畑の小道をただ歩くことだけで癒しの効果は高まる。

犬山城の月

Inuyamajo

沈みゆく陽が優美な天守閣を照らし天にはぽっかりと春の月が浮かぶ。姫路、彦根、松本と並び国宝四城のひとつ犬山城だ。眼下に流れる木曽川が天然の要塞となっていて、別名を「白帝城」という。始まりは戦国時代の山城であったというが、徳川時代に入り1617年に城主成瀬正成が唐破風の天守閣を増築して現在の美しい形が完成する。つい2004年まで代々の成瀬家の個人所有の城であったのも驚く。

輪島 白米千枚田

Wajima

日本海の陽を受けた棚田模様が美しく輝く。国道249号線から海までの急勾配の地にびっちりと網目のように広がる。中国や東南アジアにも美しい棚田はあるがこの白米千枚田は精緻な工芸品といっていいほど見事だ。もっとも狭いもので0.2㎡というから苗2、3束くらいだろうか。小泉元首相が訪れ思わず「絶景ダッ!」と叫んだことから「絶景千枚田」の名のブランド米が生まれた。

仏野念仏寺の竹林

Nenbutsudera

千灯供養の地蔵盆で有名な仏野念仏寺の裏に美しい竹林の道がある。京都嵯峨野周辺にはたくさんの竹林があり、秋の紅葉と並んで訪れる人に人気のスポットだ。念仏寺の竹林は長くはないがきれいに手入れがいきとどいていることで知られる。一歩一歩ゆるやかな階段をいく。上へ上へとのびる直線だけで構成された空間は奇妙な世界に迷いこんだかのような錯覚をおぼえる。

明日香路の棚田

Asuka

万葉のふるさと明日香には「棚田100選」で知られるように多くの美しい棚田がある。ここ神奈備の郷ともいわれる奥明日香稲渕の棚田もそのひとつだ。春はレンゲに菜の花、そして秋には黄金色の田を赤い彼岸花が彩る。左手の小川は万葉集にも詠われた飛鳥川の上流で、2001年の飛鳥ダム建設中止を受けて、この地域では景観と生態系を生かした自然調和型の活性化にとりくんでいる。

霧の高野山

Koyasan

秋を迎えた高野山に朝霧がたなびく。日本三大霊場にふさわしくモノトーンにもかかわらず光は荘厳だ。高野山は山そのものがひとつの街となっているほど広い。中央には高さ49mの根本大塔の大伽藍がひときわ高くそびえている。816年に弘法大師空海によって開山されたこの地は、高野山真言宗の総本山金剛峯寺をはじめ山内の寺院の数は117寺にも及び、世界文化遺産に登録されている。

那智の滝

Nachi

日本三名瀑のひとつ那智の滝は美しい直線の滝だ。かつてフランスのアンドレ・マルローが鎌倉絵画の傑作、国宝「那智瀧図」を見て“聖なる剣”と表現したように、高さ133mの切り立った崖からストンとまっすぐに落ちる直線は、それ自体が信仰の対象となっている。まるで日本刀の「直刀」を見ているようだ。一帯は高野山と同じく「紀伊山地の霊場と参詣道」として世界文化遺産に登録されている。

鳥取砂丘の幻想

Tottorisakyu

夢のなかのような不思議な光景だ。高さ47mの馬の背と呼ばれる丘から人びとはみな青い日本海を見つめている。11月の鳥取砂丘は夏の喧噪からはなれ、観光客もほどよい数だ。じつは砂丘観賞にとってそこに立つ人影の数はきわめて重要である。これは郷土が生んだ世界的な写真家、植田正治の世界である。植田は人物のポーズから衣裳までを徹底的に演出構成をして作品をつくりあげた。

出雲・日御碕灯台

Hinomisaki

狭いらせん階段をてっぺんまで登る。44mの高さはきついが展望台からの眺めはさすがにすばらしい。ウミネコの鳴き声とともに起伏にとんだ山陰海岸を一望できる。柱状節理といわれる筋状の岩盤の上に立ち、外壁は砂岩、内部はレンガという二重構造である。石造りの灯台としては日本一の高さで灯台ファンからはそのスマートな姿から“貴婦人”と呼ばれ「世界の灯台100選」にも選ばれている。

岩国·錦帯橋

Kintaikyo

美しいこの五連のアーチ橋をめぐる物語は洪水との闘いである。岩国第三代藩主吉川広嘉は何とか洪水に耐えられる橋を造りたいと大工の児玉九郎右衛門を呼び寄せた。しかし完成した橋は翌年にはもう流失してしまう。橋台を強化して再建した橋は努力のかいあって276年も保ったが1950年と2005年の台風で流失破損そして復旧で今日に至る。モデルとした中国西湖の錦帯橋が名前の由来だ。

◀

秋吉台の山焼き

Akiyoshidai

日本最大のカルスト台地である秋吉台は毎年2月になると山焼きが始まる。いまや阿蘇や奈良若草山と並び春をつげる風物詩となり山焼き見学に訪れる観光客も多い。山焼きはやがてくる瑞々しい草原と健全な大地をつくる上で欠かせない作業だが、意外にも山焼き直後の真っ黒い大地も一見の価値があるのだ。秋吉台はもともと霊場に感じられる雰囲気に近いものをもっている場所だ。

瀬戸大橋

Setoohashi

本州と四国を直結する瀬戸大橋はおもしろい。五つの島を点々と六つの橋でつないでいく。長さは橋の部分が9.368㎞、高架部分を含めると13.1㎞で道路と鉄道の併用橋としては世界最長になる。ユニークなのは橋のデザインが場所によって異なることだ。手前の下津井大橋が「吊り橋」、中ほどの岩黒島橋が「斜張橋」、もうひとつのタイプがハコ型の「トラス橋」と三種類を橋の見本のように使いわけている。

九十九島めぐり

Kujukushima

島々の間を遊覧船パールクィーン号がいく。ゆったりと時間が流れていくような景色である。リアス式海岸で知られる北松浦半島の景勝地、九十九島だ。島の総数は実際には大小合わせて208といわれている。この海はカキの産地としても有名で、船上からもあちらこちらで養殖いかだを見かける。水深によって海の色はグラデーションに変わり、よく晴れた日にはツツジの名所長串山公園からの眺めも美しい。

祖谷の
かずら橋

Kazurabashi

剣山の山麓を流れる祖谷川にかかるかずら橋はほんとうにスリルがある。全国に数か所あるかずら橋のなかでこの西祖谷山村にある橋がもっとも長い。全長45m、幅2mの吊り橋は日本三大奇橋のひとつで重要有形民俗文化財になっている。サルナシなどのかずらでロープをつくり、さな木と呼ばれる丸太を編んであるだけなのでワイヤーで補強してるとはいえ、揺れる床木から覗く渓流には足がすくむ。

高千穂峡
真名井の滝

Takachihokyo

神話のふるさと高千穂峡は阿蘇の噴火による溶岩流が五ヶ瀬川の浸食によってできた峡谷だ。高さ100mもの断崖が20㎞も続き国の名勝・天然記念物に指定されている。その峡谷のもっとも狭くなっている場所に真名井の滝がある。滝に陽の光が、ちょうど舞台のスポットライトのようにあたる瞬間はまるで神々の舞いを見ているように美しい。17mから落ちる水しぶきを浴びてボート客たちは歓声をあげる。

阿蘇の米塚

Komezuka

阿蘇は、噴火口のある中岳を中心にした阿蘇五岳、さらにそれらを外輪山の山々がとり囲み世界最大級のカルデラを構成している。その広大な阿蘇のなかでもっとも人気があるのがこの米塚ではないだろうか。草千里と呼ばれる牧草地にあるこの山は高さ80mとさほど大きくはないが、傾斜角24度というまるで人工物のようなフォルムは完璧で見事というほかはない。背景に霧がかかればなおさらだ。

通潤橋の放水

Tsujunkyo

学校帰りだろうかそれとも遠足だろうか。収穫を終えた通潤橋の上を子どもたちが渡る。ほほえましい秋の日のひとコマだが、それにしては橋がすごい。通潤橋は熊本県山都町にかかる石組みのかんがい用水路橋だ。江戸後期1854年に完成したという歴史と、当時としては画期的な水路技術であることから国の重要文化財になっている。観光客へのサービスと掃除をかねて日に20分程度の放水をする。

▶

九重のススキ原

Kuju

雪景色ではない、初霜の季節を迎えるとあたり一面は銀色に染まり綿毛のようなススキの穂が最後の出番とばかりいっせいに輝くのだ。斜の光を受けたススキはまるでベールをまとった妖精のように風に踊る。この神秘的な景観をこの地では“白い宝石”という。九重山のすそ野には「坊ガツル湿原」や「タデ原湿原」など日本有数のススキの名所がある。2005年にラムサール条約の登録地となった。

夕映えの由布岳
Yufudake

頂上の冠雪に雲がかかり燃えるように染まった由布岳が美しい。ふたこぶラクダのように東と西に峰をもつ独特の形のこの山は、ふもとの由布院温泉とともに全国に名を知られた山である。標高は1583mだがそれ以上に雄大なスケールを感じる。夏はミヤマキリシマ、ヒゴダイ、秋から冬は紅葉に霧氷と、由布岳ならではの自然を楽しめる。すそ野を走る「やまなみハイウェイ」は九重、阿蘇をつなぐ。

屋久島の紀元杉
Yakushima

屋久島は亜熱帯地域にありながら標高1936mの宮之浦岳をはじめ高山が連なるため海の湿った空気が山にぶつかり「ひと月に35日は雨」といわれるくらいの降雨量だ。しかし秋には名物屋久杉「紀元杉」の背景にぬけるような青空を見ることもある。樹齢3000年といわれるこの杉は比較的行きやすい場所にあるために観光客に人気である。ヤマグルマ、シャクナゲなど12種類の着生木を従えて堂々の貫禄だ。

首里城の夜景

Shurijo

燃えるような紅い首里城が浮かびあがる。手前には守礼門と、歴史に思いをはせたくなるような光景だ。琉球王朝の主宮である首里城の築城はさだかではないが14世紀末といわれる。その後、戦いなどでたびたび焼失したが本格的な復元は1992年のことである。この一帯の広大な敷地はいまでは首里城公園として親しまれ、「識名園」や「玉陵」など他の文化財とともに世界文化遺産に登録されている。

▶

石垣島·川平湾

Kabirawan

石垣島は沖縄本島までが約400㎞というから東京と大阪間の距離だ。むしろ270㎞離れた台湾の方が近い。美しい珊瑚礁やマングローブなどの自然景観に恵まれ動植物の固有種も多い。そのなかでも石垣島きっての景勝地が川平湾だ。小島との間を流れる水道は透明度が抜群でエメラルドの海として人気だ。潮流が早く遊泳禁止だがグラスボートで遊覧できる。世界で初の黒真珠の養殖に成功した地でもある。

竹富島の白い道

Taketomijima

このまま歩いていくとその先はかならず海が見える、と予感させる道がある。入道雲に白い道、南国の花も咲いている。一見なんのへんてつもない景色だがじつはこれは“道ファン”にとってはたまらない風景なのである。じじつ、そんな道を求めて竹富島を訪れる人は多い。珊瑚礁でできた丸くて小さな島なのでどの方向に歩いてもやがては海にでる。「ここからあそこまでの旅」はいつ終わるかわからない迷宮の旅だ。

● Produced and designed by
IKUYOSHI SHIBUKAWA
● Photos
amana images

自分《じぶん》さがしの 日本《にほん》の名景《めいけい》ベスト50

2007年9月10日　初版印刷
2007年9月20日　初版発行

編　著　渋川育由
発行者　若森繁男
発行所　株式会社河出書房新社
〒151-0051
東京都渋谷区千駄ヶ谷2-32-2
電話　(03) 3404-1201 (営業)
　　　(03) 3404-8611 (編集)
http://www.kawade.co.jp/

印刷　大日本印刷株式会社
製本　大口製本印刷株式会社

ISBN 978-4-309-26973-3